44 Shakes de Protéines Faits Maison pour les Bodybuilders:

Augmenter le développement musculaire sans pilules, suppléments de créatine ou les stéroïdes anabolisants

Par

Joseph Correa

Nutritionniste Certifié des Sportifs

DROITS D'AUTEUR

© 2015 Correa Media Group

Tous droits réservés

La reproduction ou la traduction de toute partie de ce travail au-delà de ce qui est permis par l'article 107 ou 108 de la Loi de 1976 sur les droits d'auteur aux États-Unis 1976, sans l'autorisation préalable du propriétaire des droits d'auteur, est illégale.

Cette publication est conçue pour fournir des informations exactes et faisant autorité en ce qui concerne le sujet traité. Cette publication est vendue avec la condition implicite que ni l'auteur ni l'éditeur n'ont la capacité de prodiguer des conseils médicaux. Si des conseils ou une assistance médicale se déclarent nécessaires, vous êtes priés de consulter un médecin. Ce livre est considéré comme un guide et ne doit être utilisé en aucune façon nuisible à votre santé. Consultez un médecin avant de commencer ce plan nutritionnel pour vous assurer qu'il vous sera bénéfique.

REMERCIEMENTS

La réalisation et le succès de ce livre n'auraient pu être possibles sans le soutien et l'aide précieuse de ma famille.

44 Shakes de Protéines Faits Maison pour les Bodybuilders:

Augmenter le développement musculaire sans pilules, suppléments de créatine ou les stéroïdes anabolisants

Par

Joseph Correa

Nutritionniste Certifié des Sportifs

SOMMAIRE

Droits d'auteur

Remerciements

À propos de l'auteur

Introduction

44 Shakes de protéines faits maison pour les Bodybuilders

Autres grands titres de cet auteur

À PROPOS DE L'AUTEUR

En tant que nutritionniste certifié des sportifs et athlète professionnel, je crois fermement qu'une bonne nutrition vous aidera à atteindre vos objectifs plus rapidement et plus efficacement. Mes connaissances et mon expérience m'ont permis de vivre en meilleure santé tout au long des années et je l'ai partagé avec ma famille et mes amis. Plus vous en savez à propos de boire et vous nourrir plus sainement, et le plus tôt vous aurez envie de changer votre vie et vos habitudes alimentaires.

Réussir à contrôler votre poids est très important, car cela vous permettra d'améliorer tous les aspects de votre vie.

La nutrition est un élément clé dans le processus de se mettre en meilleure forme et c'est là tout le sujet de ce livre.

INTRODUCTION

44 Shakes de Protéines Faits Maison pour les Bodybuilders vous aideront à augmenter l'apport de protéines que vous consommez par jour pour vous aider à augmenter votre masse musculaire. Ces repas vous aideront à augmenter vos muscles d'une manière organisée en ajoutant une grande quantité de protéines saines à votre régime. Être trop occupé pour manger correctement peut devenir parfois un problème, c'est pourquoi ce livre va vous faire gagner du temps et vous aidera à nourrir votre corps pour atteindre les buts que vous recherchez. Assurez-vous que vous savez ce que vous mangez en préparant les repas vous-mêmes ou en les faisant préparer par quelqu'un pour vous.

Ce livre vous aidera à :

-Augmenter vos muscles naturellement.

-Améliorer la récupération musculaire.

-Avoir plus d'énergie.

-Accélérer naturellement votre métabolisme pour construire plus de muscles.

-Améliorer votre système digestif.

Joseph Correa est un nutritionniste certifié des sportifs et un athlète professionnel.

44 SHAKES DE PROTÉINES FAITS MAISON POUR LES BODYBUILDERS

1. Shake protéiné à la tomate

Ingrédients:

1 verre de lait écrémé

¼ petite cuillère de cannelle

1 petite tomate

1 carotte râpée

1 petite cuillère de sucre brun

Préparation:

Lavez la tomate et coupez-la en petits cubes. Épluchez la carotte et râpez en lamelles fines. Mélangez les ingrédients dans un mixeur et mettez au réfrigérateur.

Valeurs nutritives pour un verre:

Glucides 10.9g

Sucre 7.85g

Protéines 4.38g

Total Lipides 2.31g

Sodium 84mg

Potassium 423mg

Calcium 283.7mg

Fer 0.832mg

Vitamines (Vitamine C total acide ascorbique; B-6; B-12; Folate-DFE; A-RAE; A-IU; E-alpha-tocophérol; D; D-D2+D3; Thiamine; Niacine)

Calories 80

2. Shake protéiné aux légumes

Ingrédients:

1 tasse de brocoli découpé

Un demi-bouquet d'épinards frais

½ tasse de yaourt faible en matières grasses

1 petite cuillère de miel

Quelques feuilles de menthe

¼ tasse d'eau

Préparation:

Lavez les légumes et mettez-les dans un mixeur. Ajoutez quelques glaçons et mixer ensemble jusqu'à obtenir une mixture onctueuse.

Valeurs nutritives pour un verre:

Glucides 12.32g

Sucre 7.16g

Protéines 4.95g

Total Lipides 2.78g

Sodium 79mg

Potassium 243.6mg

Calcium 117mg

Fer 2.65mg

Vitamines (Vitamine C total acide ascorbique; B-6; B-12; Folate-DFE; A-RAE; A-IU; E-alpha-tocophérol; D; D-D2+D3; K-phylloquinone; Thiamine; Riboflavine; Niacine)

Calories 81.3

3. Shake protéiné au mélange de fruits et de légumes

Ingrédients:

1 tasse de mélange de myrtilles, framboises, mûres et fraises

½ tasse de jeunes épinards coupés

2 blancs d'œufs

½ tasse de yaourt faible en matières grasses

1.5 Verre d'eau

Préparation:

Lavez les jeunes épinards et mettez-les dans un mixeur. Mélanger les 2 blancs d'œufs avec le yaourt faible en matières grasses, ajoutez l'eau et mettez dans le mixeur. Ajoutez les fruits et mixez pendant quelques minutes.

Valeurs nutritives pour un verre:

Glucides 11.27g

Sucre 8.11g

Protéines 5.85g

Total Lipides 2.94g

Sodium 85mg

Potassium 259.6mg

Calcium 113mg

Fer 2.03mg

Vitamines (Vitamine C total acide ascorbique; B-6; B-12; Folate-DFE; A-RAE; A-IU; E-alpha-tocophérol; D; D-D2+D3; K-phylloquinone; Thiamine; Riboflavine; Niacine)

Calories 72.6

4. Shake protéiné au melon

Ingrédients:

¼ tasse de fraises fraîches

¼ de banane

1 tranche de melon

½ petite cuillère de cannelle

¼ tasse de noix émiettées

1 petite cuillère de sucre brun

Préparation:

Mixer les ingrédients dans un mixeur et saupoudrez avec de la cannelle. Mettez au réfrigérateur et servez froid.

Valeurs nutritives pour un verre:

Glucides 13.24g

Sucre 9.19g

Protéines 7.92g

Total Lipides 3.54g

Sodium 91mg

Potassium 273.6mg

Calcium 119mg

Fer 2.09mg

Vitamines (Vitamine C total acide ascorbique; B-6; B-12; Folate-DFE; A-RAE; A-IU; E-alpha-tocophérol; D; D-D2+D3; K-phylloquinone; Thiamine; Riboflavine; Niacine)

Calories 78

5. Shake protéiné aux fraises

Ingrédients:

1 tasse de fraises

½ tasse de lait écrémé

1 petite cuillère de sirop d'agave

Préparation:

Mixez les ingrédients dans un mixeur pendant quelques minutes. Mettez au réfrigérateur pendant quelques minutes et servez froid. Vous pouvez ajouter des glaçons pour servir.

Valeurs nutritives pour un verre:

Glucides 8.19g

Sucre 4.05g

Protéines 4.97g

Total Lipides 2.64g

Sodium 62mg

Potassium 197.9mg

Calcium 111mg

Fer 1.23mg

Vitamines (Vitamine C; B-6; B-12; E-alpha-tocophérol; D; D-D2+D3; K-phylloquinone; Thiamine; Riboflavine; Niacine)

Calories 54

6. Shake protéiné à la vanille

Ingrédients:

1 verre de lait écrémé

½ verre d'eau

1 petite cuillère d'extrait de vanille

1 petite cuillère de vanille émincée

¼ petite cuillère de cannelle

2 petites cuillères de sucre brun

Préparation:

Mélangez le lait et l'eau et faites bouillir à feu doux. Ajoutez la vanille émincée et l'extrait de vanille. Remuez bien et laissez bouillir environ 1 minute. Enlevez du feu et laissez refroidir. Mixez avec les autres ingrédients dans un mixeur pendant quelques minutes. Servez froid.

Valeurs nutritives pour un verre:

Glucides 10.12g

Sucre 6.05g

Protéines 4.66g

Total Lipides 1.65g

Sodium 79mg

Potassium 203.4mg

Calcium 92mg

Fer 1.98mg

Vitamines (Vitamine C total acide ascorbique; B-6; B-12; Folate-DFE; A-RAE; A-IU; D; D-D2+D3; K-phylloquinone; Thiamine; Riboflavine; Niacine)

Calories 79

7. Shake protéiné au brocoli

Ingrédients:

1 tasse de brocoli cuit

1 verre d'eau

1 tasse de baies de goji

1 petite cuillère de sucre brun

Préparation:

Mixez les ingrédients dans un mixeur pendant quelques minutes. Servez froid ce breuvage sain.

Valeurs nutritives pour un verre:

Glucides 9.31g

Sucre 5.19g

Protéines 4.83g

Total Lipides 1.67g

Sodium 78mg

Potassium 201mg

Calcium 86mg

Fer 1.13mg

Vitamines (Vitamine C total acide ascorbique; B-6; B-12; A-RAE; A-IU; D; D-D2+D3; K-phylloquinone; Thiamine; Riboflavine; Niacine)

Calories 68.3

8. Shake protéiné au café

Ingrédients:

1 tasse de café glacé non sucré

½ tasse de lait écrémé

2 petites cuillères d'extrait de vanille

2 petites cuillères de sucre brun

1 grande cuillère de yaourt Grec

Cannelle (optionnel)

Préparation:

Mettez tous les ingrédients dans un mixeur. Mixez bien environ 30 secondes. Consommez froid. Vous pouvez mettre un peu de cannelle dessus, mais c'est optionnel. Gardez ce shake protéiné au réfrigérateur, vous pouvez aussi le surgeler pour un usage futur.

Valeurs nutritives pour un verre:

Glucides 8.54g

Sucre 5.73g

Protéines 8.78g

Total Lipides 2.04g

Sodium 69mg

Potassium 227mg

Calcium 117mg

Fer 2.79mg

Vitamines (Vitamine C total acide ascorbique; B-6; B-12; Folate-DFE; A-RAE; A-IU; D; D-D2+D3; K-phylloquinone; Thiamine; Riboflavine; Niacine)

Calories 71.3

9. Shake protéiné à la pomme et à l'orange

Ingrédients:

- 1 petite pomme
- 1 petite orange
- ½ verre d'eau
- 1 petite cuillère de sucre brun
- 1 petite cuillère de miel
- 1 petite cuillère d'amandes émincées

Préparation:

Mixez tous les ingrédients dans un mixeur pendant quelques minutes. Consommez froid.

Valeurs nutritives pour un verre:

Glucides 12.31g

Sucre 8.73g

Protéines 6.98g

Total Lipides 3.09g

Sodium 81mg

Potassium 265.9mg

Calcium 109mg

Fer 1.54mg

Vitamines (Vitamine C total acide ascorbique; B-6; B-12; Folate-DFE; A-RAE; A-IU; E-alpha-tocophérol; D; D-D2+D3; K-phylloquinone; Thianine; Riboflavine; Niacine)

Calories 73.1

10. Shake protéiné aux fruits

Ingrédients:

1 tasse de myrtilles

1 banane

½ petite cuillère de cannelle

½ verre de lait écrémé

1 grande cuillère de sirop d'agave

Préparation:

Épluchez la banane et coupez-la en petits morceaux. Mettez le sirop d'agave avec le lait écrémé et faites bouillir un peu. Laissez refroidir. Mixez les ingrédients dans un mixeur pendant environ 30 secondes. Saupoudrez avec de la cannelle et servez froid.

Valeurs nutritives pour un verre :

Glucides 11.12g

Sucre 9.34g

Protéines 6.52g

Total Lipides 3.21g

Sodium 93mg

Potassium 208.31mg

Calcium 113mg

Fer 3.21mg

Vitamines (Vitamine C total acide ascorbique; B-6; B-12; Folate-DFE; A-RAE; A-IU; E-alpha-tocophérol; D; D-D2+D3; K-phylloquinone; Thiamine; Riboflavine; Niacine)

Calories 79.9

11. Shake protéiné à la farine d'avoine

Ingrédients:

½ tasse de farine d'avoine

1 tasse de lait écrémé

¼ tasse d'eau

1 petite cuillère d'extrait de vanille

½ banane

Préparation:

Cette recette ne prend que quelques minutes à préparer et le goût est super bon. Tout ce dont vous avez besoin est de mettre tous les ingrédients dans un mixeur et de mixer pendant 30 à 40 secondes, jusqu'à obtenir une mixture onctueuse. Mettez au réfrigérateur pendant 30 minutes. Vous pouvez saupoudrer de la cannelle par-dessus.

Valeurs nutritives pour un verre:

Glucides 13.32g

Sucre 7.17g

Protéines 6.91g

Total Lipides 3.99g

Sodium 92mg

Potassium 263.2mg

Calcium 119mg

Fer 2.92mg

Vitamines (Vitamine C total acide ascorbique; B-6; B-12; Folate-DFE; A-RAE; A-IU; D; D-D2+D3; K-phylloquinone; Thiamine; Riboflavin)

Calories 89

12. Shake protéiné à la menthe poivrée

Ingrédients:

2 tasses de lait écrémé

1 petite cuillère de poudre de cacao

1 petite cuillère d'amandes râpées

1 grande cuillère de crème sans gras

½ petite cuillère d'extrait de menthe poivrée

Préparation:

Faites bouillir le lait sur feu doux. Ajoutez l'extrait de menthe poivrée et la poudre de cacao. Remuez bien pendant 2 à 3 minutes. Enlevez du feu et laissez refroidir pendant 30 minutes. Puis mettez avec les amandes râpées et la crème sans gras dans un mixeur et mixez pendant 30 secondes.

Valeurs nutritives pour un verre:

Glucides 10.32g

Sucre 7.34g

Protéines 6.81g

Total Lipides 3.08g

Sodium 85.9mg

Potassium 243.3mg

Calcium 121mg

Fer 1.09mg

Vitamines (Vitamine C total acide ascorbique; B-6; B-12; Folate-DFE; A-RAE; A-IU; E-alpha-tocophérol; D; D-D2+D3; K-phylloquinone; Thiamine; Riboflavine; Niacine)

Calories 68.2

13. Shake protéiné aux graines de lin

Ingrédients:

½ tasse d'eau

½ tasse de lait écrémé

1 grande cuillère de noix hachées

1 grande cuillère de baies de goji

1 grande cuillère d'huile de graines de lin

1 petite cuillère d'extrait de vanille

1 grande cuillère de sucre brun

Préparation:

Mixez les ingrédients dans un mixeur pendant environ 40 secondes, ou jusqu'à obtenir une mixture onctueuse. Mettez au réfrigérateur et servez froid.

Valeurs nutritives pour un verre:

Glucides 14.31g

Sucre 9.19g

Protéines 7.81g

Total Lipides 3.09g

Sodium 83mg

Potassium 279.9mg

Calcium 129mg

Fer 3.09mg

Vitamines (Vitamine C total acide ascorbique; B-6; B-12; Folate-DFE; A-RAE; A-IU; E-alpha-tocophérol; D; D-D2+D3; K-phylloquinone; Thiamine; Riboflavine; Niacine)

Calories 113

14. Shake protéiné à la cannelle

Ingrédients:

1 verre de lait écrémé

1 petite cuillère de poudre de cacao

1 grande cuillère de raisins

1 grande cuillère de graines de citrouille

¼ petite cuillère de cannelle

Préparation:

Mixez dans un mixeur jusqu'à obtenir une mixture onctueuse. Servez avec des glaçons. Vous pouvez saupoudrer un peu plus de cannelle par-dessus avant de servir.

Valeurs nutritives pour un verre:

Glucides 12.9g

Sucre 9.27g

Protéines 7.75g

Total Lipides 4.57g

Sodium 92.3mg

Potassium 262.7mg

Calcium 123.5mg

Fer 5.21mg

Vitamines (Vitamine C total acide ascorbique; B-6; B-12; Folate-DFE; A-RAE; A-IU; E-alpha-tocophérol; D; D-D2+D3; K-phylloquinone; Thiamine; Riboflavine; Niacine)

Calories 86.7

15. Shake protéiné aux amandes

Ingrédients:

1 tasse de lait écrémé

½ tasse d'eau

2 blancs d'œufs

1 grande cuillère d'amandes râpées

1 grande cuillère de miel

½ tasse de farine d'avoine

Préparation:

Séparez les blancs et les jaunes des œufs. Mettez avec les autres ingrédients dans un mixeur et mixez pendant 30 à 40 secondes. Laissez refroidir dans le réfrigérateur. Servez froid.

Valeurs nutritives pour un verre:

Glucides 14.31g

Sucre 9.19g

Protéines 7.91g

Total Lipides 4.54g

Sodium 103mg

Potassium 287.9mg

Calcium 122mg

Fer 4.29mg

Vitamines (Vitamine C; B-6; B-12; Folate-DFE; A-RAE; A-IU; E-alpha-tocophérol; D; D-D2+D3; K; Thiamine; Riboflavine; Niacine)

Calories 91

16. Shake protéiné à la banane

Ingrédients:

1 grande banane

1 tasse de lait écrémé

½ tasse d'eau

1 petite cuillère d'extrait de vanille

1 grande cuillère de sirop d'agave

Préparation:

Épluchez la banane et découpez-la en petit cubes. Mettez-la avec les autres ingrédients dans un mixeur et mixez pendant 30 secondes, jusqu'à obtenir une mixture onctueuse. Mettez au réfrigérateur et servez froid.

Valeurs nutritives pour un verre:

Glucides 10.11g

Sucre 7.17g

Protéines 8.91g

Total Lipides 3.23g

Sodium 95mg

Potassium 612.9mg

Calcium 119mg

Fer 2.88mg

Vitamines (Vitamine C total acide ascorbique; B-6; B-12; Folate-DFE; A-RAE; A-IU; E-alpha-tocophérol; D; D-D2+D3; K-phylloquinone; Thiamine; Riboflavine; Niacine)

Calories 88

17. Shake protéiné aux flocons de céréales

Ingrédients:

1 tasse de lait écrémé

½ tasse d'eau

½ tasse de flocons de céréales

1 grande cuillère de sucre brun

1 grande cuillère de miel

1 petite cuillère de cacao

Préparation:

Mixez dans un mixeur pendant 30 à 40 secondes, ou jusqu'à obtenir une mixture onctueuse. Vous pouvez ajouter un peu de cannelle, mais c'est optionnel. Laissez refroidir au réfrigérateur pendant environ 1 heure. Servez froid.

Valeurs nutritives pour un verre:

Glucides 11.7g

Sucre 10.01g

Protéines 5.32g

Total Lipides 3.65g

Sodium 86.5mg

Potassium 262mg

Calcium 111mg

Fer 3.75mg

Vitamines (Vitamine C total acide ascorbique; B-6; B-12; Folate-DFE; A-RAE; A-IU; E;D; D-D2+D3; K-phylloquinone; Thiamine; Riboflavin)

Calories 78.7

18. Shake protéiné aux baies sauvages

Ingrédients:

½ tasse de baies sauvages

½ tasse de jus de baies sauvages frais

½ tasse d'eau

1 petite cuillère d'extrait de mûres

2 blancs d'œufs

1 poignée de glaçons

Préparation:

Séparez les blancs et les jaunes des œufs. Mettez avec les autres ingrédients et mixez dans un mixeur pendant environ 30 secondes. Servez froid.

Valeurs nutritives pour un verre:

Glucides 13.01g

Sucre 9g

Protéines 7.8g

Total Lipides 1.95g

Sodium 98mg

Potassium 234.7mg

Calcium 110mg

Fer 3.04mg

Vitamines (Vitamine C total acide ascorbique; B-6; B-12; Folate-DFE; A-RAE; A-IU; E-alpha-tocophérol; D; D-D2+D3; K-phylloquinone; Thiamine; Riboflavine; Niacine)

Calories 68

19. Shake protéiné aux noix

Ingrédients:

1 tasse de lait de noix de coco

½ tasse de noix râpées

½ tasse d'épinards hachés finement

1 œuf entier

2 grandes cuillères de sucre brun

1 petite cuillère d'extrait de noix

Préparation:

Mettez les ingrédients dans un mixeur et mixez pendant 30 à 40 secondes. Ajoutez quelques glaçons avant de servir.

Valeurs nutritives pour un verre:

Glucides 11.27g

Sucre 8.11g

Protéines 5.85g

Total Lipides 2.94g

Sodium 85mg

Potassium 259.6mg

Calcium 113mg

Fer 2.03mg

Vitamines (Vitamine C total acide ascorbique; B-6; B-12; Folate-DFE; A-RAE; A-IU; E-alpha-tocophérol; D; D-D2+D3; K-phylloquinone; Thiamine; Riboflavine; Niacine)

Calories 72.6

20. Shake protéiné au yaourt Grec

Ingrédients:

1 tasse de yaourt Grec

1 grande cuillère de miel

1 grande cuillère de sucre brun

¼ tasse de lait écrémé

1 petite cuillère de beurre d'amandes

¼ petite cuillère de cannelle

Préparation:

Mettez le lait, le beurre d'amandes et le sucre brun dans une casserole. Remuez bien et faites bouillir à feu doux pendant environ 2 minutes. Enlevez du feu et laissez refroidir pendant 15 minutes. Versez la mixture dans un mixeur et ajoutez les autres ingrédients. Mixez bien pendant 30 à 40 secondes et mettez au réfrigérateur pour laisser refroidir.

Valeurs nutritives pour un verre:

Glucides 13.1g

Sucre 9g

Protéines 7.91g

Total Lipides 3.03g

Sodium 95mg

Potassium 259mg

Calcium 119mg

Fer 3mg

Vitamines (Vitamine C total acide ascorbique; B-6; B-12; Folate-DFE; A-RAE; A-IU; E-alpha-tocophérol; D; D-D2+D3; K-phylloquinone; Thiamine; Riboflavine; Niacine)

Calories 70

21. Shake protéiné aux œufs

Ingrédients:

1 tasse de lait écrémé

½ tasse d'eau

1 grande cuillère de yaourt Grec

3 œufs

1 petite cuillère d'extrait de vanille

1 grande cuillère de sucre brun

Préparation:

Mettez les ingrédients dans un mixeur et mixez jusqu'à obtenir une mixture onctueuse. Servez froid.

Valeurs nutritives pour un verre:

Glucides 10g

Sucre 6.02g

Protéines 9.84g

Total Lipides 3.94g

Sodium 95mg

Potassium 212.2mg

Calcium 123mg

Fer 2.43mg

Vitamines (Vitamine C;B-6; B-12; Folate-DFE; A-RAE; A-IU; D; D-D2+D3; K-phylloquinone; Thiamine; Riboflavine; Niacine)

Calories 72

22. Shake protéiné au beurre de cacahuètes

Ingrédients:

1 tasse de lait écrémé

¼ tasse de cacahuètes hachées finement

1 grande cuillère de beurre de cacahuètes

1 grande cuillère de sucre brun

1 grande cuillère de baies de goji

1 petite pomme verte

Préparation:

Épluchez la pomme et découpez-la en tranches fines. Faites fondre le beurre de cacahuètes dans une casserole à feu doux. Ajoutez le sucre et mélangez bien pendant 30 secondes. Enlevez du feu et laissez refroidir. Pendant ce temps, mixez les autres ingrédients dans un mixeur, ajoutez les cacahuètes et le sucre et mixez bien pendant 30 à 40 secondes. Mettez au réfrigérateur pendant au moins 30 minutes pour faire refroidir.

Valeurs nutritives pour un verre:

Glucides 13.2g

Sucre 10.7g

Protéines 11.6g

Total Lipides 2.8g

Sodium 97mg

Potassium 259mg

Calcium 134.3mg

Fer 3.09mg

Vitamines (Vitamine C total acide ascorbique; B-6; B-12; Folate-DFE; A-RAE; A-IU; E-alpha-tocophérol; D; D-D2+D3; K-phylloquinone; Thiamine; Riboflavine; Niacine)

Calories 88.4

23. Shake protéiné énergétique

Ingrédients:

1 grande cuillère d'amandes râpées

1 grande cuillère de noix râpées

1 grande cuillère de graines de macadamia râpées

1 tasse d'aronia

1 banane moyenne

1 verre de jus d'orange frais

1 verre d'eau

2 blancs d'œufs

2 grandes cuillères de miel

1 grande cuillère de sucre brun

Préparation:

Ce shake protéiné est très facile à préparer. Mettez simplement les ingrédients dans un mixeur et mixez bien pendant 40 secondes. Laissez bien refroidir avant de servir.

Valeurs nutritives pour un verre:

Glucides 17.47g

Sucre 14.03g

Protéines 15.8g

Total Lipides 7.94g

Sodium 175mg

Potassium 369mg

Calcium 189mg

Fer 6.09mg

Vitamines (Vitamine C total acide ascorbique; B-6; B-12; Folate-DFE; A-RAE; A-IU; E-alpha-tocophérol; D; D-D2+D3; K-phylloquinone; Thiamine; Riboflavine; Niacine)

Calories 149

24. Shake protéiné aux pistaches

Ingrédients:

1 tasse de lait écrémé

¼ tasse de pistaches finement découpées

1 grande cuillère de beurre de cacahuètes

1 grande cuillère de miel

1 poignée de glaçons

Préparation:

Mixez les ingrédients dans un mixeur jusqu'à obtenir une mixture onctueuse.

Valeurs nutritives pour un verre:

Glucides 13.4g

Sucre 9.15g

Protéines 7.81g

Total Lipides 5.91g

Sodium 105mg

Potassium 287mg

Calcium 115mg

Fer 3.03mg

Vitamines (Vitamine C total acide ascorbique; B-6; B-12; Folate-DFE; A-RAE; A-IU; E-alpha-tocophérol; D; D-D2+D3; K-phylloquinone; Thiamine; Riboflavine; Niacine)

Calories 81

25. Shake protéiné au beurre d'amandes

Ingrédients:

1 tasse de lait écrémé

½ tasse d'eau

½ tasse de farine d'avoine

1 grande cuillère de sucre brun

2 grandes cuillères de beurre d'amandes

1 petite cuillère d'extrait d'amandes

¼ tasse de lait d'amandes

Préparation:

Faites bouillir le lait d'amandes à feu doux. Ajoutez l'extrait d'amandes, le beurre d'amandes et le sucre brun. Remuez bien et faites bouillir pendant 30 à 40 secondes. Enlevez du feu et laissez refroidir. Mettez dans un mixeur avec les autres ingrédients et mixez bien pendant 30 secondes. Servez froid.

Valeurs nutritives pour un verre:

Glucides 15.3g

Sucre 8.11g

Protéines 9.83g

Total Lipides 7.81g

Sodium 106mg

Potassium 297.2mg

Calcium 125mg

Fer 4.09mg

Vitamines (Vitamine C total acide ascorbique; B-6; B-12; Folate-DFE; A-RAE; A-IU; E-alpha-tocophérol; D; D-D2+D3; K-phylloquinone; Thiamine; Riboflavine; Niacine)

Calories 73

26. Shake protéiné à la pomme verte

Ingrédients:

1 pomme verte

2 blancs d'œufs

1 verre de jus de pomme frais

1 grande cuillère de noix râpées

¼ petite cuillère de cannelle

Préparation:

Épluchez la pomme et découpez-la en tranches fines. Séparez les blancs et les jaunes des œufs. Mixez avec les autres ingrédients dans un mixeur pendant 30 à 40 secondes. Servez avec des glaçons.

Valeurs nutritives pour un verre:

Glucides 11g

Sucre 8g

Protéines 8.92g

Total Lipides 3.44g

Sodium 92mg

Potassium 212.4mg

Calcium 103mg

Fer 3.03mg

Vitamines (Vitamine C total acide ascorbique; B-6; B-12; Folate-DFE; A-RAE; A-IU; E-alpha-tocophérol; D; D-D2+D3; K-phylloquinone; Thiamine; Riboflavine; Niacine)

Calories 62

27. Shake protéiné au miel et à la banane

Ingrédients:

1 tasse de lait écrémé

1 banane moyenne

1 grande cuillère de miel

1 petite cuillère d'extrait de banane

1 grande cuillère de yaourt Grec

1 grande cuillère de crème non grasse

Préparation:

Épluchez la banane et découpez-la en petits cubes. Mixez avec les autres ingrédients dans un mixeur pendant 30 à 40 secondes et laissez refroidir dans le réfrigérateur pendant environ 1 heure. Servez froid.

Valeurs nutritives pour un verre:

Glucides 12.7g

Sucre 7.1g

Protéines 9.92g

Total Lipides 2.94g

Sodium 85mg

Potassium 249.5mg

Calcium 133mg

Fer 3mg

Vitamines (Vitamine C total acide ascorbique; B-6; B-12; Folate-DFE; A-RAE; A-IU; E-alpha-tocophérol; D; D-D2+D3; K-phylloquinone; Thiamine; Riboflavine; Niacine)

Calories 68.9

28. Shake protéiné au mélange de noix diverses

Ingrédients:

1 petite cuillère d'amandes râpées

1 petite cuillère de noix râpées

1 petite cuillère de noisettes râpées

1 petite cuillère de noix de macadamia râpées

1 verre de jus d'orange frais

1 grande cuillère de sirop d'agave

1 grande cuillère de glace à l'orange non grasse

1 poignée de glaçons

Préparation:

Mixez les ingrédients dans un mixeur pendant 30 à 40 secondes.

Valeurs nutritives pour un verre:

Glucides 15.19g

Sucre 11.23g

Protéines 9.85g

Total Lipides 6.64g

Sodium 115mg

Potassium 309.6mg

Calcium 121mg

Fer 5.03mg

Vitamines (Vitamine C total acide ascorbique; B-6; B-12; Folate-DFE; A-RAE; A-IU; E-alpha-tocophérol; D; D-D2+D3; K-phylloquinone; Thiamine; Riboflavine; Niacine)

Calories 98.3

29. Shake protéiné à l'ananas

Ingrédients:

1 tasse d'ananas frais découpé

1 tasse de jus d'ananas frais

2 blancs d'œufs

1 grande cuillère de sucre brun

1 petite cuillère d'extrait d'ananas

2 cerises pour décorer

Préparation:

Séparez les blancs et les jaunes des œufs. Mixez avec les autres ingrédients dans un mixeur pendant 30 à 40 secondes. Servez avec des glaçons et des cerises sur le dessus.

Valeurs nutritives pour un verre:

Glucides 11.34g

Sucre 8.11g

Protéines 6.85g

Total Lipides 1.84g

Sodium 84mg

Potassium 209.6mg

Calcium 103mg

Fer 1.93mg

Vitamines (Vitamine C total acide ascorbique; B-6; B-12; Folate-DFE; A-RAE; A-IU; E-alpha-tocophérol; D; D-D2+D3; K-phylloquinone; Thiamine; Riboflavine; Niacine)

Calories 58.9

30. Shake protéiné exotique

Ingrédients:

1 tasse de lait de noix de coco

½ banane

½ tasse d'ananas découpé

1 petite cuillère d'extrait de noix de coco

2 grandes cuillères de crème fraîche faible en matières grasses

2 grandes cuillères de sucre brun

Préparation:

Mettez les ingrédients dans un mixeur et mixez bien pendant 30 à 40 secondes jusqu'à obtenir une mixture onctueuse. Servez avec quelques glaçons.

Valeurs nutritives pour un verre:

Glucides 11.17g

Sucre 8.31g

Protéines 5.85g

Total Lipides 2.44g

Sodium 82mg

Potassium 279.6mg

Calcium 114mg

Fer 2.3mg

Vitamines (Vitamine C total acide ascorbique; B-6; B-12; Folate-DFE; A-RAE; A-IU; E-alpha-tocophérol; D; D-D2+D3; K-phylloquinone; Thiamine; Riboflavine; Niacine)

Calories 72

31. Shake protéiné à la pêche et à la crème

Ingrédients:

1 pêche moyenne

1 verre de lait d'amandes

1 grande cuillère de crème fraîche faible en matières grasses

1 grande cuillère de yaourt Grec

1 petite cuillère d'extrait de pêche

1 grande cuillère de miel

1 petite cuillère de graines de citrouille

1 poignée de glaçons

Préparation:

Découpez la pêche en petits morceaux. Mixez avec les autres ingrédients dans un mixeur jusqu'à obtenir une mixture onctueuse.

Valeurs nutritives pour un verre:

Glucides 13.27g

Sucre 9.11g

Protéines 7.85g

Total Lipides 4.94g

Sodium 85mg

Potassium 259mg

Calcium 103mg

Fer 2.93mg

Vitamines (Vitamine C total acide ascorbique; B-6; B-12; Folate-DFE; A-RAE; A-IU; E-alpha-tocophérol; D; D-D2+D3; K-phylloquinone; Thiamine; Riboflavine; Niacine)

Calories 70

32. Shake protéiné au yaourt Grec à la vanille

Ingrédients:

1 tasse de yaourt Grec à la vanille

1 tasse de lait écrémé

1 grande cuillère de noix de macadamia râpées

1 banane moyenne

½ tasse de fraises

1 petite cuillère d'extrait de vanille

Préparation:

Épluchez la banane et découpez-la en petits cubes. Mettez avec les autres ingrédients dans un mixeur et mixez jusqu'à obtenir une mixture onctueuse, environ 30 à 40 secondes. Vous pouvez saupoudrer un peu de poudre de vanille sur le dessus, mais ceci est optionnel. Servez froid.

Valeurs nutritives pour un verre:

Glucides 12.2g

Sucre 6.1g

Protéines 9.85g

Total Lipides 3.4g

Sodium 79mg

Potassium 216.6mg

Calcium 111mg

Fer 2.3mg

Vitamines (Vitamine C total acide ascorbique; B-6; B-12; Folate-DFE; A-RAE; A-IU; E-alpha-tocophérol; D; D-D2+D3; K-phylloquinone; Thiamine; Riboflavine; Niacine)

Calories 78

33. Shake protéiné à l'énergie de la prune

Ingrédients:

3 prunes mûres dénoyautées

1 tasse de lait écrémé

½ tasse de noix

¼ tasse de sirop d'agave

Préparation:

Mixez les ingrédients dans un mixeur pendant 30 à 40 secondes. Servez froid.

Valeurs nutritives pour un verre:

Glucides 12.21g

Sucre 5.98g

Protéines 6.23g

Total Lipides 2.31g

Sodium 82.5mg

Potassium 217.8mg

Calcium 124.3mg

Fer 1.27mg

Vitamines (Vitamine C total acide ascorbique; B-6; B-12; Folate-DFE; A-RAE; A-IU; E-alpha-tocophérol; D; D-D2+D3; K-phylloquinone; Thiamine; Riboflavine; Niacine)

Calories 56.4

34. Shake protéiné au citron

Ingrédients:

1 verre de limonade fraîche sans sucre

1 grande cuillère de zeste de citron

2 grandes cuillères de sucre brun

½ tasse de fromage blanc

1 grande cuillère d'extrait de vanille

1 grande cuillère de crackers de céréales râpés

Préparation:

Mettez les ingrédients dans un mixeur et mixez jusqu'à obtenir une consistance crémeuse. Versez dans un verre et saupoudrez avec les crackers de céréales râpés. Servez froid.

Valeurs nutritives pour un verre:

Glucides 9.27g

Sucre 6.11g

Protéines 8.85g

Total Lipides 4.94g

Sodium 86mg

Potassium 211.4mg

Calcium 115mg

Fer 1.05mg

Vitamines (Vitamine C total acide ascorbique; B-6; B-12; Folate-DFE; A-RAE; A-IU; E-alpha-tocophérol; D; D-D2+D3; K-phylloquinone; Thiamine; Riboflavine; Niacine)

Calories 57.6

35. Shake protéiné au caramel

Ingrédients:

1 tasse de lait écrémé

½ tasse de sucre brun

½ petite cuillère de cannelle

1 petite cuillère d'extrait de chocolat

1 grande cuillère d'amandes râpées

1 poire moyenne, découpée en petits morceaux

2 grandes cuillères de yaourt Grec

Préparation:

Faites fondre le sucre dans une casserole à feu doux. Ajoutez doucement le lait et mélangez bien pendant environ 1 minute. Votre sucre deviendra un joli caramel. Enlevez-le du feu et laissez refroidir un peu. Pendant ce temps découpez la poire en petits morceaux, mettez les petits morceaux de poire avec les autres ingrédients dans un mixeur, ajoutez le caramel et mixez pendant environ 40 secondes. Versez le shake protéiné dans un verre, saupoudrez avec de la cannelle et ajoutez quelques glaçons.

Valeurs nutritives pour un verre:

Glucides 12.37g

Sucre 8.42g

Protéines 6.85g

Total Lipides 2.74g

Sodium 83mg

Potassium 239.6mg

Calcium 112mg

Fer 2.05mg

Vitamines (Vitamine C total acide ascorbique; B-6; B-12; Folate-DFE; A-RAE; A-IU; E-alpha-tocophérol; D; D-D2+D3; K-phylloquinone; Thiamine; Riboflavine; Niacine)

Calories 72.7

36. Shake protéiné aux noisettes

Ingrédients:

1 tasse de lait écrémé

½ tasse de yaourt Grec au chocolat

1 petite cuillère de poudre de cacao

2 grandes cuillères de noisettes râpées

1 grande cuillère de sucre brun

2 blancs d'œufs

Préparation:

Mettez les ingrédients dans un mixeur et mixez jusqu'à obtenir une mixture crémeuse. Laissez refroidir dans le réfrigérateur pendant environ 30 minutes.

Valeurs nutritives pour un verre:

Glucides 11.27g

Sucre 8.13g

Protéines 9.84g

Total Lipides 2.94g

Sodium 82mg

Potassium 253.6mg

Calcium 112mg

Fer 2.08mg

Vitamines (Vitamine C total acide ascorbique; B-6; B-12; Folate-DFE; A-RAE; A-IU; E-alpha-tocophérol; D; D-D2+D3; K-phylloquinone; Thiamine; Riboflavine; Niacine)

Calories 62.6

37. Shake protéiné au chocolat et au café

Ingrédients:

1 tasse de café noir fort, sans sucre

½ tasse de crème faible en matières grasses

3 grandes cuillères de yaourt Grec

1 grande cuillère de sucre brun

1 petite cuillère de cacao

¼ tasse de chocolat noir (80% de cacao)

1 grande cuillère de noisettes râpées

Préparation:

Mixez les ingrédients dans un mixeur pendant 30 à 40 secondes. Mettez au réfrigérateur et servez avec des glaçons. Saupoudrez avec des noisettes râpées sur le dessus.

Valeurs nutritives pour un verre:

Glucides 15.27g

Sucre 8.51g

Protéines 10.83g

Total Lipides 6.94g

Sodium 83mg

Potassium 259.3mg

Calcium 143mg

Fer 2.23mg

Vitamines (Vitamine C total acide ascorbique; B-6; B-12; Folate-DFE; A-RAE; A-IU; E-alpha-tocophérol; D; D-D2+D3; K-phylloquinone; Thiamine; Riboflavine; Niacine)

Calories 74

38. Shake protéiné aux cerises

Ingrédients:

1 tasse de jus de cerises frais, sans sucre

1 tasse de cerises

½ tasse de yaourt Grec

1 petite cuillère d'extrait de cerises

1 grande cuillère de sucre brun

1 poignée de glaçons

Préparation:

Il vous suffit de mixer les ingrédients dans un mixeur pendant 30 secondes. Servez froid.

Valeurs nutritives pour un verre:

Glucides 10.67g

Sucre 8.11g

Protéines 8.65g

Total Lipides 2.54g

Sodium 95mg

Potassium 159.6mg

Calcium 93mg

Fer 1.03mg

Vitamines (Vitamine C total acide ascorbique; B-6; B-12; A-RAE; A-IU; E-alpha-tocophérol; D; K-phylloquinone; Thiamine; Riboflavine; Niacine)

Calories 74.6

39. Shake protéiné à la mangue

Ingrédients:

1 tasse de mangue découpée

½ tasse d'avoine

1 petite cuillère de graines de citrouille

1 petite cuillère de beurre d'amandes

1 tasse de lait écrémé

1 grande cuillère de crème faible en matières grasses

2 grandes cuillères de sucre brun

Préparation:

Mélangez les ingrédients et mixez jusqu'à ce que ce soit bien homogène. Saupoudrez avec de la poudre d'extrait de mangue, mais ceci est optionnel. Servez froid.

Valeurs nutritives pour un verre:

Glucides 14.24g

Sucre 8.11g

Protéines 10.85g

Total Lipides 6.94g

Sodium 75mg

Potassium 249.6mg

Calcium 103mg

Fer 2.93mg

Vitamines (Vitamine C total acide ascorbique; B-6; B-12; Folate-DFE; A-RAE; A-IU; E-alpha-tocophérol; D; D-D2+D3; K-phylloquinone; Thiamine; Riboflavine; Niacine)

Calories 82.6

40. Shake protéiné des plaisirs de la forêt

Ingrédients:

1 tasse de jus de pomme frais

½ tasse d'eau

½ pomme verte moyenne

½ carotte moyenne

½ petite pêche

½ tasse de baies de la forêt mélangées (framboises, fraises, mûres…)

½ tasse de fromage blanc

1 grande cuillère de sirop d'agave

Préparation:

Mixez dans un mixeur jusqu'à obtenir une mixture onctueuse. Laissez refroidir dans le réfrigérateur pendant un moment.

Valeurs nutritives pour un verre:

Glucides 11.27g

Sucre 8.41g

Protéines 9.85g

Total Lipides 4.94g

Sodium 84mg

Potassium 159.6mg

Calcium 84mg

Fer 1.3mg

Vitamines (Vitamine C total acide ascorbique; B-6; B-12; Folate-DFE; A-RAE; A-IU; E-alpha-tocophérol; D; D-D2+D3; K-phylloquinone; Thiamine; Riboflavine; Niacine)

Calories 59

41. Shake protéiné au gingembre

Ingrédients:

1 banane moyenne

1 tasse de yaourt faible en matières grasses

1 tasse d'épinards hachés finement

1 petite cuillère de gingembre râpé

2 blancs d'œufs

1 petite cuillère de jus de citron

2 grandes cuillères de miel

Préparation:

Séparez les blancs et les jaunes des œufs. Mixez avec les autres ingrédients dans un mixeur pendant environ 30 secondes, jusqu'à obtenir une mixture mousseuse.

Valeurs nutritives pour un verre:

Glucides 10g

Sucre 5.11g

Protéines 9.85g

Total Lipides 4.94g

Sodium 83mg

Potassium 229.6mg

Calcium 115mg

Fer 2.13mg

Vitamines (Vitamine C total acide ascorbique; B-6; B-12; Folate-DFE; A-RAE; A-IU; E-alpha-tocophérol; D; D-D2+D3; K-phylloquinone; Thiamine; Riboflavine; Niacine)

Calories 74.6

42. Shake protéiné à la papaye

Ingrédients:

1 tasse de purée de papaye

½ tasse d'avoine

1 tasse de lait écrémé

½ tasse d'eau

1 grande cuillère de baies de goji

1 grande cuillère de sirop d'agave

2 grandes cuillères de sucre brun

Préparation:

Mettez les ingrédients dans un mixeur et mixez bien jusqu'à obtenir une mixture onctueuse. Servez avec quelques glaçons.

Valeurs nutritives pour un verre:

Glucides 11.2g

Sucre 7.11g

Protéines 9.85g

Total Lipides 2.44g

Sodium 84mg

Potassium 178.6mg

Calcium 113mg

Fer 2.03mg

Vitamines (Vitamine C total acide ascorbique; B-6; B-12; Folate-DFE; A-RAE; A-IU; E-alpha-tocophérol; D; D-D2+D3; K-phylloquinone; Thiamine; Riboflavine; Niacine)

Calories 69.5

43. Shake protéiné aux myrtilles

Ingrédients:

1 tasse de lait écrémé

1 tasse de myrtilles

1 grande cuillère de sucre brun

1 petite cuillère d'extrait de menthe

Préparation:

Très simple à préparer. Ce shake protéiné est très rafraîchissant et ne prend que 2 à 3 minutes à faire. Il vous suffit de mixer les ingrédients dans un mixeur pendant 30 secondes et servez avec des glaçons.

Valeurs nutritives pour un verre:

Glucides 7g

Sucre 3.11g

Protéines 5.8g

Total Lipides 1.94g

Sodium 65mg

Potassium 159.3mg

Calcium 87mg

Fer 1.03mg

Vitamines (Vitamine C total acide ascorbique; B-6; B-12; Folate-DFE; A-RAE; A-IU; E-alpha-tocophérol; D; D-D2+D3; K-phylloquinone; Thiamine; Riboflavine; Niacine)

Calories 54

44. Shake protéiné à la tarte à la citrouille

Ingrédients:

1 tasse de purée de citrouille

1 tasse de lait écrémé

1 grande cuillère de sucre brun

2 blancs d'œufs

1 banane moyenne

1 petite pomme verte

1 petite cuillère de cannelle

Préparation:

Séparez les blancs et les jaunes des œufs. Épluchez la pomme et râpez-la. Découpez la banane en petits morceaux et mixez les ingrédients dans un mixeur pendant 30 à 40 secondes. Saupoudrez avec un peu de cannelle dessus et mettez au réfrigérateur pendant un moment pour faire refroidir.

Valeurs nutritives pour un verre:

Glucides 11.36g

Sucre 8.03g

Protéines 10.23g

Total Lipides 3.87g

Sodium 79.43mg

Potassium 208.1mg

Calcium 104.9mg

Fer 1.89mg

Vitamines (Vitamine C total acide ascorbique; B-6; B-12; Folate-DFE; A-RAE; A-IU; E-alpha-tocophérol; D; D-D2+D3; K-phylloquinone; Thiamine; Riboflavine; Niacine)

Calories 72.7

AUTRES GRANDS TITRES DE CET AUTEUR

www.ingramcontent.com/pod-product-compliance
Lightning Source LLC
Chambersburg PA
CBHW071748080526
44588CB00013B/2190